Género Ficción histórica

I0799071

Pregunta esencial

¿Por qué la gente emigra a otros lugares?

Mudanza desde México

Liz Rawlings

ilustrado por Antonio Vincenti

Capítulo 1

Caos en la ciudad de México

José ya tenía 10 años. María, su mamá, decía que era demasiado peligroso en esos días que caminara solo a la escuela. Su padre, Diego, lo llevó hoy. José iba tomado de una de las manos de su papá. Su hermana Ana, que tenía ocho años, iba tomada de la otra. Se abrían camino en las calles entre la gente enojada. José sintió que estaban siendo arriados como ovejas. Extrañaba poder caminar a la escuela solo con su hermana. Solían correr para ver quién llegaba primero.

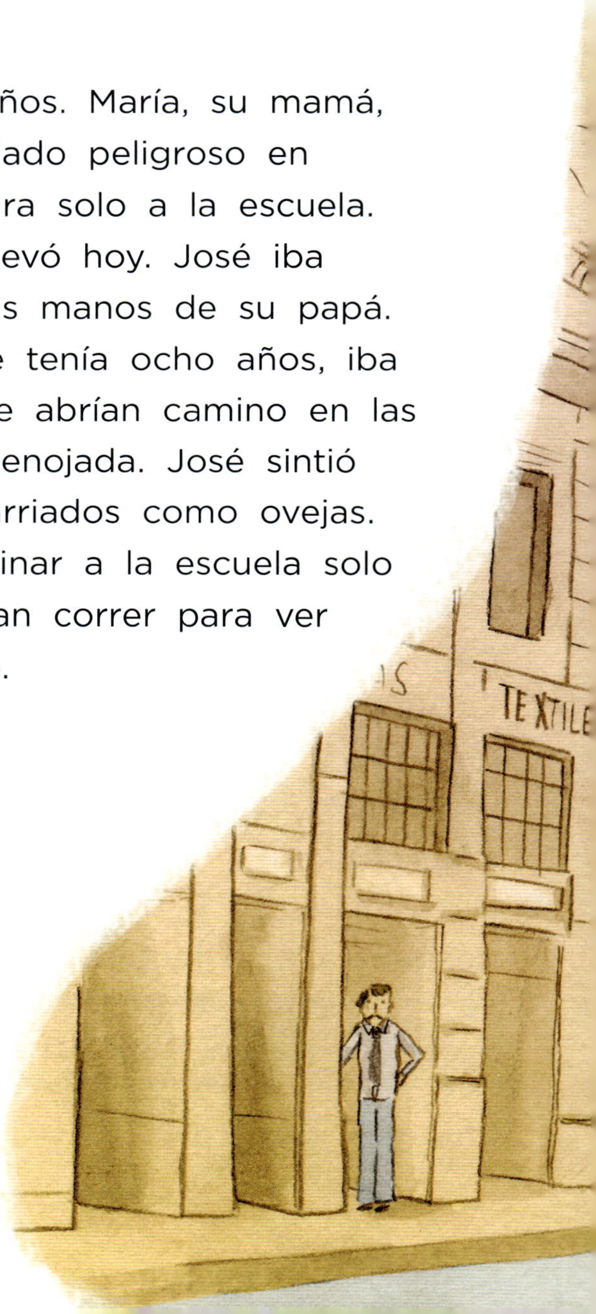

Esa noche, durante la cena, la familia conversó sobre lo que estaba sucediendo en México.

—¿Cuándo podremos ir solos a la escuela de nuevo? —preguntó Ana.

—Creí que las cosas mejorarían con la renuncia del presidente Díaz —agregó José.

La madre de José explicó que la gente se estaba peleando para decidir quién sería el próximo en liderar al país.

—Temo que el país estará en guerra durante algún tiempo —dijo Diego—. Estuve pensando en que nos deberíamos mudar a California.

José se sorprendió.

—¿Pero por qué, papá? —preguntó.

—El gobierno no construirá ni puentes ni carreteras —dijo Diego—. Será difícil conseguir trabajo.

—Quizá haya más oportunidades en California —dijo María—. Necesitan ingenieros como tu padre para trabajar en la nueva vía férrea.

Las palabras de María sonaron positivas, pero se veía triste. José y Ana se miraron.

El día siguiente en la escuela, Ana miró a los niños de la clase. Pensó que extrañaría a sus amigos si se iba de México. Había escuchado que otra niña hablaba sobre California, así que la buscó a la hora del almuerzo.

—¿Tu familia se va a mudar a California? —preguntó.

—Mi padre piensa que estaremos más seguros allí —respondió la otra niña.

—¿Estás entusiasmada? —preguntó Ana.

—Un poco, pero también un poco asustada.

Esa noche, Ana le contó a su familia sobre su compañera de clase.

—Mucha gente se está yendo. Estoy empezando a pensar que cuanto antes nos vayamos, mejor —dijo su padre.

Capítulo 2

La mudanza

El mes siguiente, María y Diego anunciaron que la familia se mudaría a California. María les dijo a José y a Ana que solo podrían llevar cosas que fueran útiles o valiosas. Llevarían pocos bultos.

José estaba muy entusiasmado. También estaba nervioso por irse tan lejos de casa. José empacó algo de ropa, pero se aseguró de dejar espacio para su tren de juguete y su guitarra.

Con tristeza, Ana puso todos sus vestidos y algunos de sus tesoros en la valija. Mientras empacaba su muñeca favorita, suspiraba:

—No tengas miedo, yo te cuidaré.

Cuando estaba en la cama, Ana escuchó disparos y hombres que gritaban. Se puso las mantas sobre la cabeza para no escuchar el ruido.

El viaje a California fue largo. Primero, la familia tuvo que viajar en carruaje hasta la costa. Les llevó varios días y no fue divertido. Los asientos eran duros como un peñasco. La carretera estaba llena de baches. Pensaban en cómo viajaban los indígenas en otros tiempos. José y Ana estaban aburridos y malhumorados.

El viaje en el barco de vapor por el Golfo de California fue diferente. José y Ana nunca antes habían visto el océano, ni mucho menos habían viajado en barco. A José le encantaba divisar tortugas, ballenas y marsopas. Ana se alborotó cuando un grupo de delfines comenzó a saltar en el aire frente al barco.

Cuando el barco llegó al puerto, la familia tomó otro carruaje hasta la frontera. Los guardias inspeccionaron sus papeles con detenimiento y luego los dejaron pasar. ¡Estaban en California!

Capítulo 3

Una nueva escuela

La familia se mudó a un apartamento con azotea. Todo resultaba extraño al comienzo. José y Ana estaban nerviosos porque irían a una nueva escuela. Ambos hablaban inglés, pero les preocupaba que quizás no los entenderían.

José se sorprendió y se puso contento cuando descubrió que algunos compañeros de clase hablaban español. Eran de México también. Sus padres trabajaban en las vías férreas o en fábricas. En los recreos, los niños se juntaban a conversar en español.

A Ana le costó un poco más adaptarse que a José. Podía hablar con facilidad en inglés pero le resultaba difícil escribirlo. Algunas veces garabateaba en el margen de su libro de escritura. Un día, su maestra le llevó algunas pinturas y lienzos.

—¿Por qué no pintas la ciudad de México? Te ayudará a recordar tu hogar —le sugirió la maestra.

Ana miró tímidamente a su maestra. Pensó un momento y luego comenzó a trabajar en su pintura.

A veces, José y Ana iban con María al mercado o a un almacén. Intentaban pedir cosas en inglés. Calculaban el cambio en centavos y sin usar un ábaco. Ana estaba feliz porque podía conseguir sus chiles favoritos en California.

María compró piezas de telas coloridas en el mercado. Le recordaban a su hogar.

Detective del lenguaje **El sustantivo almacén, ¿es masculino o femenino?**

Capítulo 4

Diversión en la playa

Un domingo, Ana le dio a su madre un regalo. Era una pintura de su casa en México. María la colgó sobre la pared. Escogió un lugar en la cocina junto a la chimenea. Allí podría verla con frecuencia. La pintura colgaba junto a las fotografías de las hermanas y los hermanos de María. Le dijo a Ana que la pintura le hacía extrañar menos su hogar.

Más tarde ese día, la familia preparó todo para un pícnic. Caminaron hasta la playa. Se sentaron sobre esteras bajo las palmeras y disfrutaron del almuerzo.

Después de almorzar, José y Ana corrieron al mar. Estaban aprendiendo a nadar, pero la mayor parte del tiempo simplemente chapotearon como pájaros en la orilla.

Detective del lenguaje	**El sustantivo día, ¿es masculino o femenino?**

Mientras José y Ana jugaban en el agua, sus padres los observaban. Ana había perdido la mirada triste que tenía cuando llegaron. Ya había hecho algunos amigos. José llevaba su guitarra a la escuela y enseñaba a sus compañeros de clase algunas canciones mexicanas.

Diego y María sonrieron. Estaban felices de haber tomado la decisión de emigrar.

Cuando salieron del agua, José y Ana se acostaron sobre sus toallas de playa. José dijo que tenía tanto calor como si estuviera en un horno, y preguntó si podían comprar refrescos con helado. Diego buscó en su bolsillo y sacó un poco de cambio.

José lo agarró y le dijo a Ana:

—¡El que llega primero a la tienda, gana!

Respuesta a la lectura

Resumir

Resume los sucesos del cuento *Mudanza desde México* y piensa cómo te ayudan a hallar el tema. Usa los detalles como ayuda.

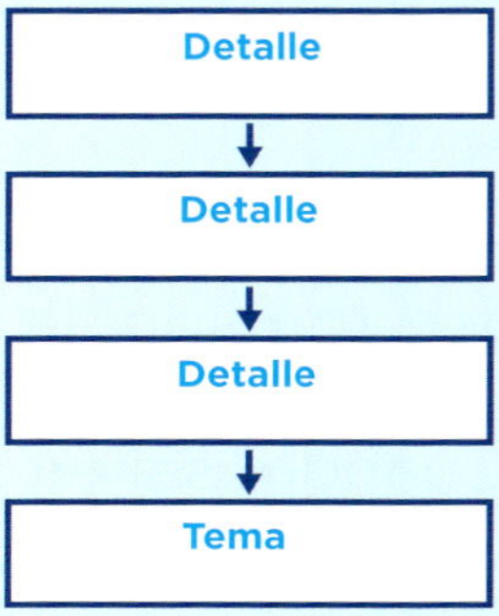

Evidencia en el texto

1. ¿Cómo sabes que *Mudanza desde México* ocurre en el pasado? **GÉNERO**

2. ¿Cómo cambian los sentimientos de Ana sobre mudarse durante el transcurso del cuento? Usa los detalles del cuento para apoyar tu respuesta. **TEMA**

3. ¿Qué quiere decir la autora cuando dice que los niños "chapotearon como pájaros"? **SÍMILES**

4. Con tus propias palabras, escribe sobre por qué la familia de *Mudanza desde México* decidió irse a Estados Unidos. **ESCRIBIR SOBRE LA LECTURA**

Género Texto expositivo

Compara los textos

Lee sobre la revolución que hizo que la familia dejara México y emigrara a Estados Unidos.

LA REVOLUCIÓN MEXICANA 1910–1920

La Revolución mexicana comenzó en 1910. En ese momento, el presidente de México era Porfirio Díaz. Él gobernó por más de 30 años. Manipuló las elecciones de tal manera, que siempre ganaba. Algunos se enriquecieron mucho mientras Díaz estuvo en el poder. Los granjeros y los obreros de las fábricas eran muy pobres. En 1910, ¡el promedio de vida en la ciudad de México era de solo 24 años!

Los mexicanos querían mejorar la situación para todos. Sabían que para esto, tenían que luchar. Díaz renunció en 1911. Sin embargo, el nuevo líder, Francisco Madero, no pudo evitar que la guerra civil se desatara.

El grito de guerra de la revolución era "tierra y libertad". En el pasado, los ricos podían tomar la tierra de los granjeros pobres. Los granjeros querían que esto se terminara. El líder de los granjeros era Emiliano Zapata. Zapata provenía de una familia de granjeros pobres.

En 1914, los ejércitos de campesinos liderados por Zapata y su aliado, Francisco Villa, avanzaron hacia la ciudad de México. Demandaban que la tierra fuera devuelta a los granjeros.

Emiliano Zapata se convirtió en héroe en México durante la revolución.

En 1917, Venustiano Carranza fue nombrado presidente. Redactó una constitución que fue la base de la democracia mexicana. La constitución aseguraba la educación libre y los derechos de los trabajadores. Permitía que la tierra rural fuera otorgada a los pobres. En 1920, Álvaro Obregón fue elegido presidente. Fundó escuelas y los gremios de los trabajadores. La elección de Obregón significó el fin de la revolución.

Una vez que la revolución terminó, los artistas pintaron murales en edificios oficiales para contar la historia. Usaron el arte para mostrar el nuevo orgullo de los mexicanos por su nación.

Haz conexiones

¿De qué manera te ayudó *La Revolución mexicana* a comprender *Mudanza desde México*?

PREGUNTA ESENCIAL

Describe la diferencia en el estilo de escritura entre *Mudanza desde México* y *La Revolución mexicana.*

EL TEXTO Y OTROS TEXTOS

Enfoque:

Género

Ficción histórica *Mudanza desde México* es un texto de ficción histórica. Este tipo de ficción narra una historia que se ubica en el pasado. Si bien los personajes por lo general son inventados, el ambiente es real. A veces, algunos personajes también son personas históricas reales.

Lee y descubre *Mudanza desde México* se basa en un suceso histórico: la Revolución mexicana de 1910–1920. Sin embargo, los personajes principales del cuento son imaginarios.

Tu turno

Piensa en un período histórico en el que estés interesado. Investiga qué estaba sucediendo en ese momento. Escribe tu propio cuento con personajes imaginarios sobre un suceso que haya ocurrido en la realidad.